PhiloZenfants

Qui suis-je ?

À Aleydi,
parce qu'il n'est pas
toujours facile
de dire d'où l'on vient
et où l'on va.

Nous remercions la ville de Nanterre,
qui nous a permis de développer notre projet
de philosophie à l'école primaire,
les enseignants qui se sont lancés
dans cette aventure, et tous les enfants
de la ville qui ont tenté de redonner
sens et vigueur à la parole.

Toute notre reconnaissance à Isabelle Millon,
pour sa précieuse collaboration.

PhiloZenfants

Qui suis-je ?

Texte d'Oscar Brenifier
Dessins d'Aurélien Débat

Nathan

Des questions ?
Pourquoi des questions ?

Les enfants se posent des questions, toutes sortes de questions, souvent importantes. Que faire de ces questions ?
Faut-il que les parents y répondent ?
Pourquoi répondraient-ils à la place de l'enfant ?

Il ne s'agit pas ici d'exclure la réponse des parents : elle peut aider l'enfant à se constituer. Mais il convient aussi d'apprendre à l'enfant à penser et juger par lui-même, à réfléchir pour pouvoir acquérir sa propre autonomie et devenir responsable.

Dans les différents ouvrages de la collection Philozenfants, à chaque question s'offrent plusieurs réponses.
Certaines paraîtront évidentes, d'autres mystérieuses, étonnantes, déroutantes. Toutes feront l'objet de nouvelles questions, car la pensée est un chemin qui ne connaît pas de fin.

Ces dernières questions resteront peut-être sans réponse.
Tant mieux. Il n'est pas indispensable de répondre.
Une question peut être aimée pour elle-même, uniquement parce que c'est une belle question, parce qu'elle présente un beau problème, porteur de sens et de valeur.
Ainsi, la vie, l'amour, le beau ou le bien resteront-ils toujours des questions.

Mais des pistes se dessineront. Examinons-les, apprécions-les comme de véritables amis qui veulent nous garder éveillés.
Et prolongeons ce dialogue, en pariant qu'il apportera autant aux enfants qu'aux parents.

Oscar Brenifier

Sommaire

Es-tu un animal ?

OUI, PARCE QUE
JE MANGE, JE PEUX
COMME TOUS

JE RESPIRE, ME REPRODUIRE... LES ANIMAUX.

Les plantes ne se reproduisent-elles pas aussi ?

L'homme peut-il décider de ne pas se nourrir ?

L'homme vit-il seulement pour respirer, se nourrir, se reproduire... ?

Ton chien sait-il qu'il respire ?

Reste-t-on toujours ce qu'on a été ?

Peux-tu te marier avec un singe ?

PARCE QU'AVANT, ON ÉTAIT DES SINGES.

Les singes d'aujourd'hui deviendront-ils des hommes ?

Peut-on vraiment savoir ce qui existait il y a des millions d'années ?

NON, PARCE QUE JE SUIS INTELLIGENT.

Es-tu tout le temps intelligent ?

Suffit-il d'être intelligent pour ne pas être un animal ?

As-tu déjà discuté avec un dauphin pour savoir s'il était intelligent ?

Si tu n'es pas intelligent, es-tu un animal ?

NON, PARCE QUE JE PARLE.

Les animaux ne possèdent-ils pas tous une forme de langage ?

Les perroquets ne parlent-i pas comme les hommes ?

Un bébé dans le ventre
de sa mère est-il un animal ?

Est-on plus humain
quand on est bavard ?

NON, PARCE QUE CONSTRUISENT

LES HOMMES
LE MONDE.

Et s'ils détruisent
ou polluent la planète ?

Les castors et les abeilles
ne construisent-ils rien ?

Les peuples qui n'ont
rien construit sont-ils
inhumains ?

NON, PARCE QU'ON DANS UN CIMETIÈRE

Cela rend-il ta mort différente de celle d'un animal ?

Que signifie le fait d'enterrer les morts ?

VA M'ENTERRER QUAND JE SERAI MORT.

Est-ce inhumain de léguer son corps à la science ?

Parfois, les hommes n'enterrent-ils pas les animaux ?

L'homme est un animal. La preuve : il mange, il respire et il meurt comme tous les animaux. Et puis nos lointains ancêtres ressemblaient davantage à des singes qu'à nous-mêmes ! Pourtant nous sentons que quelque chose nous distingue des animaux : nous pensons, nous nous exprimons, nous créons, nous bouleversons le monde... Et nous faisons cela comme nulle autre espèce n'est capable de le faire. Nous organisons même des cérémonies pour nos morts, comme si nous refusions de vraiment mourir, comme si nous voulions affirmer, par cet acte, être autre chose qu'un animal. Mais peut-être devons-nous accepter de faire simplement partie de la nature pour être des hommes !

... admettre que nous ressentons les mêmes besoins que les animaux.

... ne pas oublier que nous appartenons à la grande chaîne de la vie.

... savoir que la conscience d'être mortels nous distingue des autres animaux.

... assumer notre responsabilité d'animal « raisonnable » sur la planète.

Es-tu content
de grandir ?

NON, JE PRÉFÉRERAIS REDEVENIR UN BÉBÉ CAR MES PARENTS S'OCCUPENT MOINS DE MOI.

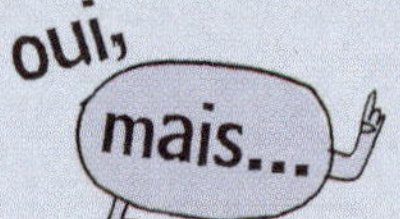

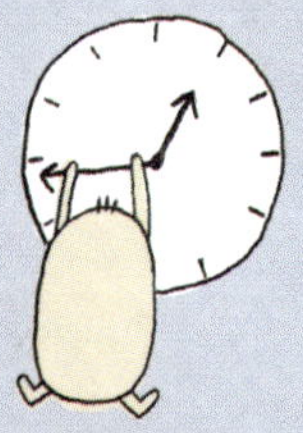

Est-il possible
de remonter le temps ?

Serais-tu heureux
si tous les humains
étaient des bébés ?

Tes parents ne s'occupent-ils pas de toi quand ils t'apprennent à te débrouiller seul ?

Les regrets peuvent-ils nous empêcher de vivre ?

OUI, CAR QUAND JE POURRAI FAIRE TOUTE SEULE.

JE SERAI GRANDE, PLEIN DE CHOSES

Peut-on vivre les uns sans les autres ?

Avoir besoin des autres, est-ce nécessairement désagréable ?

Grandir, est-ce apprendre à se passer des autres ?

Feras-tu des choses seulement pour toi tout seul ?

NON, C'EST MIEUX DE
POUR CONTINUER À

Les enfants ne sont-ils pas aussi obligés de travailler ?

N'est-ce pas amusant de grandir et de changer ?

RESTER UN ENFANT

S'AMUSER.

Pour apprendre à grandir,
ne joues-tu pas au papa
et à la maman ?

Cesse-t-on de s'amuser
quand on est adulte ?

OUI, CAR PLUS TARD, UN AMOUREUX.

J'AURAI

L'amour est-il réservé aux grands ?

L'amour rend-il toujours heureux ?

L'amour de tes parents n'est-il pas suffisant ?

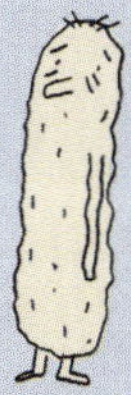

Ne peut-on pas vivre sans amour ?

NON, PARCE QUE JE

Es-tu malheureux
d'être aujourd'hui
plus vieux qu'hier ?

Vieillir, est-ce
uniquement
une perte ?

Meurt-on
seulement quand
on est vieux ?

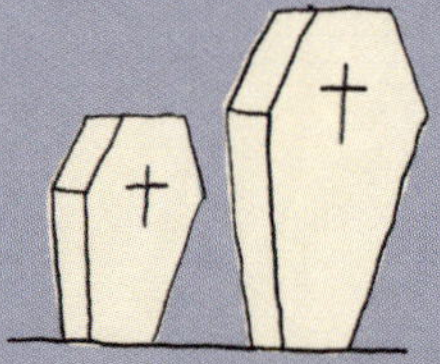

L'idée de la mort ne peut-elle
pas t'obliger à profiter
davantage de la vie ?

VAIS DEVENIR VIEILLE,
PUIS MOURIR.

Que cela te plaise ou non, tu es obligé de grandir, dans ton corps et dans ta tête. Mais parfois, tu aimerais rester comme tu es aujourd'hui, ou même revenir en arrière. Tu n'as pas envie de devenir adulte, car tu crains de ne plus t'amuser. Tu regrettes l'époque où tu étais un bébé, où tes parents s'occupaient tout le temps de toi, où tu n'étais responsable de rien. Mais tu apprécies aussi qu'ils te fassent confiance et de pouvoir agir plus librement, selon tes propres désirs : tu veux devenir autonome. Tu aimerais bien être plus âgé, mais tu ne veux pas devenir vieux et mourir. Et si tu faisais confiance à la vie pour franchir sereinement chaque étape ?

... accepter que tu ne décides pas de tout ce qui t'arrive et que tu ne peux pas tout garder.

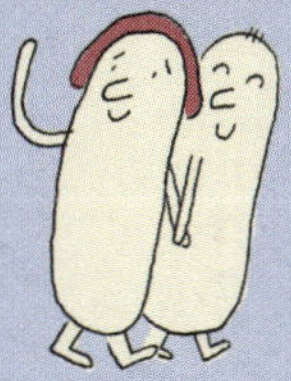

... t'habituer à devenir en permanence quelqu'un d'autre.

... prendre conscience que les changements sont source d'inquiétude, mais aussi de découverte et de plaisir.

... te rendre compte que tu ne perdras pas l'amour des tiens en devenant autonome.

Es-tu comme les autres ?

NON, PARCE QUE
ET QUE J'AI DES

JE SUIS NOIR
COPAINS BLANCS.

Les Noirs et les Blancs ne sont-ils pas avant tout des hommes ?

Serais-tu le même si tu étais blanc, jaune, rouge ou marron ?

Tous les Noirs se ressemblent-ils ?

Peut-on être de plusieurs couleurs ?

OUI, PARCE QUE
DEUX OREILLES,
COMME TOUT

J'AI DEUX YEUX, UNE BOUCHE... LE MONDE.

Tous les yeux sont-ils identiques ?

Et si tu n'avais plus de nez, serais-tu différent ?

Toutes les bouches aiment-elles manger la même chose ?

Et si tu avais deux yeux qui ne voyaient pas, serais-tu différent ?

NON, PARCE QUE CERTAINS SONT PLUS PAUVRES QUE MOI.

Les pauvres n'ont-ils rien à voir avec toi ?

Suffit-il d'avoir de l'argent pour être riche ?

Les hommes peuvent-ils être tous aussi riches les uns que les autres ?

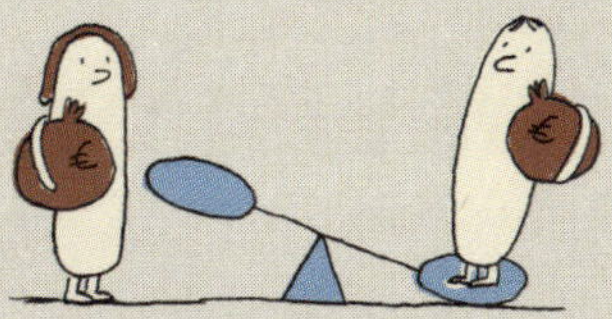

Comment savoir si l'on est riche ou pauvre ?

NON, PARCE QUE JE SUIS UN GARÇON...

...ET QU'IL Y A DES FILLES.

N'existe-t-il que des différences entre les filles et les garçons ?

Les filles et les garçons doivent-ils se ressembler pour s'aimer ?

Peux-tu avoir plus de points communs avec une fille qu'avec un garçon ?

Une fille qui ressemble à un garçon ne reste-t-elle pas une fille ?

OUI, PARCE QUE

Qui décide de ce qui est normal ?

Être normal, est-ce être comme les autres ?

JE SUIS NORMAL.

Peut-on ressembler aux autres s'ils sont tous différents ?

Doit-on chercher à être comme les autres ou à être soi-même ?

NON, PARCE QUE JE

N'y a-t-il pas aussi un peu des autres en toi ?

Sais-tu toujours qui tu es ?

suis MOI.

Es-tu toujours le même ?

Préférerais-tu parfois ressembler
à quelqu'un d'autre ?

Parfois tu préfères être comme les autres, surtout lorsque tu penses qu'ils ont quelque chose qui te fait défaut. Et puis tu n'aimes pas être seul, tu ne veux pas être exclu. Parfois aussi tu as envie de sortir du lot, d'être reconnu pour ce que tu es vraiment : toi, un individu unique. Bien des choses distinguent les êtres humains entre eux : le sexe, la couleur de la peau, l'apparence physique, la langue, la richesse, mais aussi le caractère. Et certains sont si différents de toi qu'ils peuvent t'intimider ou te faire peur. Pourtant tu sens que quelque chose te relie aux autres, que d'une certaine manière, nous sommes tous pareils : des êtres humains...

... te méfier des jugements tout faits qui t'empêchent de vivre et d'aimer les autres tels qu'ils sont.

... ne pas chercher à copier les autres, ni tenter de s'en distinguer à tout prix.

... chercher à savoir s'il faut être « normal ».

Que dois-tu à tes parents ?

3 câlins
+ 1 dispute
+ 5 bisous
=

TOUT, CAR ILS M'ONT DONNÉ LA VIE.

Ta vie appartient-elle à tes parents ?

Dirais-tu cela si tes parents t'avaient abandonné ?

Si tu leur dois tout, ne te dois-tu rien à toi-même ?

Est-ce tes parents qui t'ont fait naître, ou la nature ?

LA RECONNAISSANCE CAR ILS ME NOURRISSENT ET S'OCCUPENT DE MOI.

Et toi, ne fais-tu rien pour tes parents ?

Tes parents s'occuperaient-ils de toi si tu ne leur étais pas reconnaissant ?

Si tu te disputes avec eux, éprouves-tu encore de la reconnaissance pour eux ?

Quand tu seras assez grand pour te débrouiller seul, leur seras-tu encore reconnaissant ?

L'AMOUR,

Ne doutes-tu jamais
de leur amour ?

Aime-t-on uniquement
parce qu'on est aimé ?

Peut-on ne pas aimer
ses parents ou ses enfants ?

Aimes-tu tes parents de la même
façon qu'ils t'aiment ?

CAR ILS M'AIMENT BEAUCOUP.

RIEN, CAR
DEMANDÉ

JE N'AI PAS À VIVRE.

Connais-tu quelqu'un qui a demandé à vivre ?

Demanderas-tu leur avis à tes enfants avant de les faire naître ?

Ne choisit-on pas aussi de vivre chaque jour ?

Ne remercies-tu pas celui qui te fait un cadeau surprise ?

D'ÊTRE DANS
CAR C'EST

La famille doit-elle
toujours être rassurante ?

De quoi a-t-on peur
pour vouloir être rassuré ?

Les gens créent-ils des familles
pour se rassurer ?

Si tu veux tout le temps
être rassuré, vas-tu pouvoir
quitter ta famille un jour ?

UNE FAMILLE, RASSURANT.

D'ÊTRE HEUREUX.

Doit-on être heureux
pour soi ou pour les autres ?

Décide-t-on
d'être heureux ?

Et si ton bonheur risquait de les rendre malheureux ?

Tes parents regretteront-ils de t'avoir donné la vie si tu es malheureux ?

Sans tes parents, tu ne serais pas là. Jour après jour, ils t'accompagnent dans la vie en s'occupant de toi et en t'éduquant. Ils t'aiment et t'offrent une place rassurante au sein de ta famille. Tu as hérité d'eux certains de tes défauts et de tes qualités. Alors, si tu es heureux, ils y sont sans doute un peu pour quelque chose. Tu peux leur en être reconnaissant et les aimer, même si tu n'as pas demandé à naître. Mais leur dois-tu tout pour autant ? Tes parents sont-ils les créateurs uniques de ta personne ? Les autres ne t'apportent-ils rien ? N'es-tu pas aussi responsable de ce que tu es… et ne dois-tu pas l'être de plus en plus ?

... apprendre à devenir indépendant sans oublier ceux qui te sont proches, ni faire une croix sur le passé.

... comprendre qu'être parent ou enfant n'est pas une tâche facile.

... avoir conscience qu'une vie est faite d'influences variées, mais aussi de choix responsables.

Aimes-tu te regarder dans le miroir ?

Aimes-tu te regarder dans le miroir ?

Te trouves-tu beau
chaque fois que tu te vois ?

La beauté est-elle
toujours visible ?

Es-tu beau ou
te trouves-tu beau ?

Te trouves-tu beau
parce que tu t'aimes ?

NON, PARCE QU

Pourquoi ne vois-tu pas aussi tes qualités ?

Existe-t-il des gens sans défauts ?

Ce que tu prends pour des défauts, n'est-ce pas ce qui te distingue des autres ?

Aimes-tu les autres même s'ils ont des défauts ?

JE NE VOIS QUE MES DÉFAUTS.

OUI, POUR VOIR COMMENT JE SUIS VRAIMENT.

Es-tu vraiment ce qui apparaît dans le miroir ?

Comment font les aveugles pour savoir qui ils sont ?

Ne peux-tu pas prendre
un air gentil et être méchant ?

N'aimes-tu pas te regarder
dans le miroir quand tu fais
des grimaces horribles ?

OUI, QUAND JE SUIS BIEN HABILLÉ.

oui, mais...

Tes habits racontent-ils qui tu es ?

Devient-on laid si l'on est mal habillé ?

Tes goûts pour les habits ne changent-ils pas avec la mode ?

Préfères-tu regarder tes habits plutôt que toi-même ?

Aimes-tu te regarder dans le miroir ?

NON, PARCE QUE QUE MON

N'as-tu pas besoin de voir ce que les autres voient de toi ?

N'est-ce pas nécessaire d'accepter son apparence ?

JE NE VOIS APPARENCE.

Pourrais-tu connaître les autres s'ils n'avaient pas d'apparence ?

Préférerais-tu être invisible ?

Dans le miroir, tu observes tes traits, tu les transformes par des grimaces, tu essaies de savoir qui tu es vraiment. Tu te trouves beau ou tu ne vois que tes défauts. Face à ton image, tu as des craintes et des espoirs... Peux-tu lui faire confiance ? Ce que tu vois n'est-il pas déformé par ce que tu imagines ? Pourtant, c'est ton image que les autres perçoivent d'abord, c'est par elle que l'on te juge souvent. Alors tu tentes de te faire beau, mais est-ce pour te mettre en valeur ou pour cacher quelque chose ? Si tes vêtements et ta coiffure te servent parfois de déguisement, ton apparence peut aussi, sans que tu le veuilles, révéler une part secrète de ton être...

... apprendre à te connaître et accepter que tu ne peux pas toujours être ce que tu voudrais.

... ne pas trop te soucier des apparences et découvrir que la beauté ne se voit pas qu'avec les yeux.

... envisager que le regard des autres peut aussi être un miroir pour toi.

... trouver ton chemin entre l'amour excessif de ta personne et le rejet de ton être.

Choisis-tu
qui tu es ?

NON, PARCE QUE JE SUIS TROP PETITE.

Les enfants sont-ils
incapables de choisir ?

Les grands doivent-ils
tout décider pour toi ?

Si les grands décident
tout pour toi, comment
apprendras-tu à choisir ?

Les grands choisissent-ils
qui ils sont ?

NON, PARCE QUE LA VIE A FAIT QUE JE SUIS UNE FILLE ET QUE MES PARENTS ONT CHOISI MON PRÉNOM...

Es-tu seulement ce qui est écrit sur ta carte d'identité ?

Faut-il tout choisir de soi pour être soi ?

st-ce impossible de changer
e prénom ou de sexe ?

Toutes les filles qui se prénomment
comme toi te ressemblent-elles ?

OUI, PARCE QUE J'AI MON CARACTÈRE ET MES IDÉES.

Les autres ne t'influencent-ils jamais ?

As-tu choisi ton caractère ou en as-tu hérité ?

Choisis-tu d'être de bonne ou de mauvaise humeur ?

Choisir d'être soi, est-ce nécessairement être différent des autres ?

NON, PARCE QUE

Faut-il toujours savoir
pour choisir ?

Peux-tu déjà être toi-même
ou as-tu besoin de temps
pour le devenir ?

Peut-on jamais savoir
qui l'on est vraiment ?

Ce que tu fais chaque jour
ne te permet-il pas
de savoir qui tu es ?

JE NE SAIS PAS QUI JE SUIS.

NON, PARCE QUE LES À FAIRE PLEIN

Ne peux-tu pas refuser de faire ces choses ?

Est-on seulement ce que l'on fait ?

AUTRES M'OBLIGENT
DE CHOSES.

Les obligations empêchent-elles toujours d'être libre ?

Peut-on jamais être totalement libre ?

Tu n'as pas choisi le moment et le lieu où tu es né, ni d'être une fille ou un garçon, ni ton prénom... Tu es un enfant, et tes parents, ta maîtresse décident souvent pour toi, ce qui parfois t'agace. Mais cela t'empêche-t-il d'être libre ? Tu as déjà des idées qui te permettent de penser comme tu veux, et une personnalité pour refuser ce qui ne te plaît pas. Les obligations sont nécessaires pour t'ouvrir au monde. Mais elles ne sont qu'un cadre à tes choix et ne doivent pas t'empêcher de réfléchir, pour découvrir ou comprendre qui tu es, et agir en conséquence. Afin de réaliser ton être et ne pas passer à côté de ta vie. À moins que tu ne préfères échapper à toi-même et devenir quelqu'un d'autre...

... apprendre à assumer ton existence, même si tu ne l'as pas choisie.

... comprendre qu'être libre, ce n'est pas fuir les obligations, mais t'y confronter, tout en restant toi-même.

... distinguer ce qui peut changer en toi et ce qui est permanent, pour ne pas courir après un rêve impossible.

... savoir que la vie va t'apprendre tout doucement à découvrir qui tu es.

Oscar Brenifier

Docteur en philosophie et formateur, il a travaillé dans de nombreux pays pour promouvoir les ateliers de philosophie pour les adultes et la pratique philosophique pour les enfants. Il a publié pour les adolescents la collection « L'apprenti-philosophe » (Nathan) et l'ouvrage Questions de logiques (Le Seuil), pour les enfants les collections « PhiloZenfants » et « PhiloZidées », « Le livre des grands contraires philosophiques » (Nathan) et « Les petits albums de philosophie » (Autrement), ainsi que des manuels pour enseignants, Enseigner par le débat (CRDP) et La pratique de la philosophie à l'école primaire (Sedrap). Il est l'un des auteurs du rapport de l'Unesco sur la philosophie dans le monde : La philosophie, une école de liberté.

www.brenifier.com

Aurélien Débat

Enfant, il a grandi à la campagne avec deux petites sœurs, un chien, trois chats et un âne. Il a eu de grandes discussions avec eux pour savoir qui était un animal...

Aurélien a choisi d'être illustrateur et aujourd'hui, il vit et dessine à Strasbourg où il a fait ses études. Il travaille pour la presse jeunesse, la publicité et il publie de la bande dessinée chez des éditeurs indépendants.

Mais à la question « Qui suis-je ? », il n'a toujours pas trouvé de réponse.

MIXTE
Papier issu de sources responsables
FSC® C022030

ISBN : 978-2-09-254573-7 - N° de projet : 10212629 - Dépôt légal : janvier 2013
Achevé d'imprimer en janvier 2015 par Loire Offset Titoulet (42900 Saint-Etienne, France).
En application de la loi n° 49-956 du 16 juillet 1949 sur les publications destinées à la jeunesse, modifiée par la loi n° 2011-525 du 17 mai 2011.